ICONOGRAPHIE

DE

A. WILLETTE

(DE 1861 A 1909)

PAR

PAUL BEUVE

PARIS

CHARLES BOSSE, LIBRAIRE

46, RUE LA FAYETTE, 46

—

1909

ICONOGRAPHIE

DE

A. WILLETTE

JUSTIFICATION DU TIRAGE

25 exemplaires sur papier vélin d'Arches, contenant une double
suite des gravures hors texte, numérotés de 1 à 25.

175 exemplaires sur papier vélin d'Arches, contenant une seule
suite des gravures hors texte, numérotés de 26 à 200.

N° 90

République pornographique
Le roi Louis Philippe
R. F
Bal du Courrier Français
Bal Gavarni
RECRUTEMENT
APPEL
CLASSE 1877
ARMÉE TERRITORIALE
SERVICES AUX
ARTILLERI
CAVALERIE
TRAINS.
C'est vous Willette?
avant Frigoli
A. Willette

ICONOGRAPHIE

DE

A. WILLETTE

(DE 1861 A 1909)

PAR

PAUL BEUVE

PRÉFACE ILLUSTRÉE

ET

VINGT ET UNE COMPOSITIONS ET CROQUIS INÉDITS

DE

A. WILLETTE

PARIS

CHARLES BOSSE, LIBRAIRE

49, RUE LA FAYETTE, 49

1909

A Adolphe WILLETTE

Son vieil ami de vingt ans.

P. B.

Préchi — Précha .

Un camarade — « Bonjour Pierrot ! »
Un loustic — « Va donc, eh fouchtra ! »
Voix populaires et populacières — « Le
programme, mélord ? » — « Tiens un curé ! »
— Bonne sorgue, Bruant ! »
Une petite voix — « Oh !... un toreador...
... ollé ! »
Un confrère — « Au r'voir, mon vieux
Breton ! »
        Et un jour que malade encore,
je passais dans une petite rue du vieux
Paris, un affreux apache offusqué de
mon teint jaune se planta devant moi
et, se tapant les cuisses — « Oh !... 1. 2. 3.

4, 5…. le mikado ! »

Seul, mon maître Cabanel, fit de
moi un grand seigneur dans sa fresque
au Panthéon.

D'après ces multiples appréciations,
on pourrait, à propos de ma tête, renouveler
la vieille blague de compter plusieurs cranes
de Voltaire. Toutefois, j'ai remarqué,
avec satisfaction, que jamais personne ne
m'a pris pour un garçon de café ou
un croquemort alors que ces dignes porteurs
de bières étaient privés de leurs « dons naturels »

A l'époque où les hommes
portaient la barbe à la Henri II et le crane
carré à la Bressant, mon absence de poils
et mon épaisse chevelure coupée en rond
m'ont fait subir tous les sarcasmes réservés
aux précurseurs. Car les Français qui
ne voulaient pas ressembler à leurs ancêtres
rasés, se sont, dans la suite, empressés
d'imiter les Américains quand ceux-ci
eurent décrété qu'ils seraient glabres.

Et si mes compatriotes n'avaient
pris à ces Yankees que cette mode, je les
féliciterais, non parceque je les ai précédés,

mais à cause des avantages qu'ils y ont trouvés par rapport au goût et à l'hygiène.

D'abord le poil est un vestige de notre primitive bestialité : la première réforme que fit Pierre Le Grand en vue de civiliser son peuple, a été de lui interdire la barbe.

. Quoi de plus insupportable que d'entendre la soupe ou tout autre liquide passer avec bruit à travers les moustaches comme l'eau au travers les fanons de la baleine ?

Et quel attrait pour la femme d'embrasser une manière de brosse mal torchée par le mouchoir !....

Enfin la barbe est tombée : le mensonge est plus difficile, on voit, à nu, les lèvres expressives.

J'ai d'ailleurs porté tous les ports de barbe, toutes les coupes de cheveux et si je m'en tiens au genre glabre, c'est pour me rapprocher de mon type préféré, de mon ami Pierrot dont j'ai vécu tous les déboires et toutes les joies. Et puis mon plaisir, bien qu' innocent, est grand de voir les gens, m'attribuer, au vu de ma tête, une profession et une nationalité qui ne sont pas miennes et cela me prouve, une fois de plus, que les bons observateurs sont rares.

Comme jadis au Lycée la plupart de mes maîtres, les fous et les ivrognes ne peuvent souffrir l'apparition de ma figure.....? Ce serait, m'a-t-on dit à cause de la petitesse de mes prunelles et à cause de mon regard bige par instant. Serait-ce aussi à cause de mon air de revenir de la lune ?... Le fait est que depuis le jour où je suis tombé, la tête la première, dans cette infecte grenouillère, je ne cesse de demander à moi et au Ciel làousque je suis ?

Mais ce qui me rassure c'est que je ne fais pas peur aux petits enfants: peut-être devinent-ils que, malgré la neige qui recouvre mon crane et les rides de ma face, il y a, dans ma tête, une cervelle qui commanderait, bien volon -tiers, aux jambes de jouer à saute-mouton et aux mains de jouer aux billes si elles pouvaient encore lui obéir en cela.....

En écrivant cette délicate préface, ma main gauche soutient ma

tête quasi endormie et en sent l'ossature :
cette macabre sensation me fait rêver
que, plus tard, mon crâne, par suite
des incessantes transformations de la
Ville, pourra échouer dans la chambre
d'un étudiant.... « Mon Dieu, la
vilaine tête de mort que voilà ! »
s'écriera sa petite amie.

Et lui, après avoir observé la hauteur
de mes maxillaires, de répondre. —
« C'est, très-certainement, celle d'un
« Anglais ! »

A. Willette

AU LECTEUR

Il est de notre devoir d'adresser à cette place tous nos sincères remerciements à MM. Théophile Belin, Paul Blondel, Charles de Decker et Théodore Mahler, pour avoir mis obligeamment à notre disposition les pièces de leurs collections, et nous avoir aidé, par leurs renseignements, à mener à bien ce petit travail.

En groupant dans cette plaquette les diverses physionomies d'Adolphe Willette, de l'enfance à l'âge mûr, charges et portraits, croqués alertement par de futurs maîtres et par lui-même, l'auteur n'a eu d'autre ambition que de faire connaître aux nombreux admirateurs de l'artiste ce modeste recueil documentaire qui pourrait prendre place à côté de l'œuvre immense du Maître.

Depuis trente-trois ans, qui n'a vu et revu ses gracieuses compositions aux Salons, dans les journaux, dans les revues, dans les livres, dans la rue?

Les premiers dessins imprimés et signés « Willette » furent publiés dans la France Illustrée *du 1ᵉʳ juillet 1876.*

Il envoyait quatre dessins. La Censure — déjà! — en interdisait un.

Pieusement, Willette conserve un exemplaire de ce numéro, où il peut revoir ses dessins de débutant avec, en marge, ces mots écrits par sa mère :

« Premières caricatures d'Adolphe. »

De ses simples croquis de 1876, à ses récents panneaux (1909) qui ornent, à l'Hôtel de Ville, la salle dénommée officiellement : le « Salon Willette », que de délicates et spirituelles compositions dans lesquelles les critiques d'art de l'avenir n'auront qu'à puiser pour apprécier en connaissance de cause et immortaliser ainsi le grand nom de Willette !

P. B.

20 juin 1909.

A. WILLETTE

1861-1909

AUBERT   1861

De face, coiffé d'un petit bonnet, dans les bras de sa maman.

Ce premier portrait de Willette nous le montre à l'âge de quatre ans (1861).

En bas, Maria Willette, Adolphe Willette.

L'aquarelle que nous reproduisons a été exécutée d'après une photographie par M. Aubert, à Mexico, en 1865.

H. 16 c. — L. 13 c.   Collection de M. Willette.

CABANEL (Alexandre)   1878

Dans sa magistrale composition qui figure au Panthéon sous ce titre :

« *Saint Louis rend la justice, abolit les combats judiciaires,*
fonde les institutions qui ont fait sa gloire,
il établit les Quinze-Vingts, fixe les corporations des métiers
de Paris, fonde la Sorbonne. »

Willette figure dans le grand panneau du milieu sous
les traits du duc d'Anjou, assis à la gauche de saint Louis,
de face, vêtu d'une blouse rouge.

Bien que daté de 1878, le modèle a posé en 1876.

|Non mentionné dans l'article de M. Henry Roujon,
« Portraits insoupçonnés », *Je sais tout*, 15 avril 1905.|

1884　　　　# WILLETTE

La tête seulement, de profil à gauche, au milieu de la
palette lui ayant servi à peindre le *Parce Domine*.

H. 17 c. — L. 12 c.　　　　　　Collection de M. Théophile Belin.

PILLE (Henri)

Intérieur du Cabaret du Chat-Noir.

Au premier plan, assis, Maurice Rollinat et Laviarde,
roi d'Araucanie.

Dans le fond : Salis, Charles Monselet, Goudeau, Henri
Rivière, Henri Pille et Willette, de profil à gauche, la pipe à
la bouche, lisant un journal.

L'Almanach du Figaro, 1884.

UZÈS

Nos dessinateurs : A. Willette.

En buste, de profil à droite, coiffé d'un chapeau mou, dessinant un Pierrot en habit noir.

Dans le fond, à droite, un chat noir sur les épaules d'une petite femme assise sur un escabeau, les jambes croisées. A gauche, un rosier, mis certainement là avec intention, pour nous rappeler le petit chef-d'œuvre de Willette :

« Il n'y a pas de roses sans épines. »

Paru pour la première fois dans la *Chronique des Batignolles et de Montmartre,* N° 1, 12 novembre 1882.

Le *Courrier Français*, 17 mai 1885.

SOMM (Henry)   1885

En statue équestre, de profil à droite, en Pierrot coiffé d'un chapeau pointu.

A côté : les statues de Henri Rivière à cheval, et de Henry Somm debout, suivi de son chien.

Croquis illustrant « Une histoire des temps futurs », chapitre extrait du *Bazar à treize*, par Achille Mélandri. E. Dentu, éditeur. 1885.

A paru dans le *Chat Noir*, 25 juillet 1885.

LUNEL (F).

Une poignée de prédictions pour 1886.

Parmi celles-ci :

1° « *Willette fera une Saint-Barthélemy de tous les juifs de Montmartre.* »

2° « *Le directeur du « Courrier Français » verra avec épatement tous les artistes apporter régulièrement leurs dessins au journal ; les plus exacts : Willette, Caran d'Ache, Uzès, Ferdinandus, etc... »*

Le *Courrier Français*, 3 janvier 1886.

BRAC (HENRI PILLE)

En buste, de profil à droite, parmi les nombreux personnages groupés dans le titre de la *Chronique de la semaine*.

Le *Courrier Français*, 2 mai 1886.

RIVIÈRE (Henri)

L'ancien Chat-Noir.

Dans l'assistance nous apercevons : Henri Rivière, Rodolphe Salis, Henry Somm. Willette assis de profil à droite.

La *Revue Illustrée*, 15 mai 1886.

WILLETTE

Portrait de mon Père.

Le colonel Willette est représenté, en pied, de face, vêtu d'une capote, coiffé d'un képi, la main droite dans la poche du pantalon ; de la gauche, il s'appuie sur une canne.

Dessin reproduit dans le *Courrier Français* du 5 septembre 1886.

Ce dessin appartient au docteur Willette.

La peinture faite d'après ce dessin a figuré au Salon de 1887, sous le numéro 2486.

H. 2 m. 16. — L. 1 m. 13.   Collection de M. Théophile Belin.

RŒDEL   1887

Dans un atelier, assis sur un tabouret, de profil à droite, en costume de collégien, dessinant une Minerve.

Derrière lui, un gros Monsieur décoré, en voyant son esquisse, lui dit :

« — Vous ne ferez jamais rien. mon ami !... »

Le *Courrier Français*, 1er mai 1887

HEIDBRINCK

Les artistes du « Courrier Français » à l'Opéra,
le 23 Avril 1887.

Willette dans son costume de Pierrot en satin blanc.

Le Courrier Français, 8 mai 1887.

WILLETTE

Le Vendredi, répétition générale.

« — Un directeur veinard, c'est Jules Roques.

— Oui, mon cher Willette, veinard, en effet... d'avoir des artistes tels que vous et vos collègues du journal. »

Jules Roques, en chef d'orchestre, bat la mesure parmi les exécutants : Ponchon, Pille, Coquelin, Mermeix, Willette, etc...

Le Courrier Français, 17 juillet 1887.

WILLETTE

Les Lamentations de la semaine.

« J'suis pas riche ! ça c'est vrai, mais j'aime encore mieux être dessinateur au « Courrier Français » que d'être prince en Bulgarie. »

Le Courrier Français, 21 août 1887.

— 6 —

HEIDBRINCK

Assis, les jambes croisées, de profil à droite, en Pierrot
noir fumant sa pipe. A côté de Raoul Ponchon. Tous deux
regardent attentivement Jules Roques, déroulant le *Courrier
Français*.

Menu offert par le *Courrier Français* au restaurant du Rat Mort
pour fêter le 3ᵉ anniversaire de sa fondation.

Le Courrier Francais, 20 novembre 1887.

LUQUE (M.)   1888

A. Willette.

En Pierrot noir, de profil à gauche, son crayon à la main
en guise de balancier, il se tient en équilibre sur le Moulin-
de-la-Galette éclairé par la lune.

(Pièce en couleurs.)

Les Hommes d'aujourd'hui. 7ᵉ vol. Nᵒ 322.

Léon Vanier, éditeur. Paris. s. d. (1888).

WILLETTE

« Banville ! ! — Thémis prétend que ton fils Pierrot
est un pornographe ! »

De face, en pied, en Pierrot blanc, les mains jointes, il
regarde à terre sa guitare.

Le *Courrier Français*, 15 janvier 1888.

WILLETTE

Une diligence est attaquée par des bandits, un cheval est
tué, l'autre se cabre, alors c'est la guerre déclarée. Roques en
courrier, revolver au poing, tire dans le tas ; du premier coup
il couche Wilson sur le sol, Mermeix dégaine, Lunel s'arme
d'une chaise, Ponchon impassible assiste d'une fenêtre à ce
carnage en fumant sa pipe. Willette, en Pierrot blanc, sur le
siège de la voiture, saisit un litre et s'apprête à leur casser la
g...

Légende en haut : *Le Courrier Français en 1887*.
Légende en bas : *Ce fut rude l'année dernière !*

Le *Courrier Français*, 22 janvier 1888.

CHÉRET (Jules)

*Affiche de l'Exposition de tableaux et dessins de A. Willette.
34, rue de Provence (février 1888).*

Assise sur un escabeau devant son chevalet, une petite
femme esquisse le portrait de Willette sur une toile, de profil
à gauche, sous forme d'ombre chinoise.

Reproduite dans le *Courrier Français*, 26 février 1888.

HEIDBRINCK

Le vendredi au Rat-Mort. — Raoul Ponchon lisant ses vers.

Autour d'une table somptueusement servie, nous remar-
quons parmi les convives : Mermeix, Roques, Pille, Louis
Legrand, Willette, etc., etc.

Le *Courrier Français*, 11 mars 1888.

PILLE (Henri)

L'arrivée à l'Élysée le 7 mars.

En tête, Roques en Courrier Français, Ponchon en moine,
Coquelin Cadet en saint, Willette en Pierrot étudiant, etc...

Le *Courrier Français*, 18 mars 1888.

WILLETTE

*Pierrot : « O Fortune, une poignée de pensées pour un sou-
rire de toi ! »*

Le Pierrot, 5 octobre 1888.

❀ ❀ ❀

WILLETTE

Bulletin financier.

*« Les actionnaires du journal le Pierrot manifestent une
grande joie : Pierrot à cheval sur le veau d'or, enfin
dompté, leur distribue une foule de dividendes. »*

Le Pierrot, 7 décembre 1888.

❀ ❀ ❀

WILLETTE

Quelques cadeaux.

*« 1° Cette année, Pierrot embrasse la plus laide de ses lectrices ;
2° A Pierrot, la peau de l'Ane rouge pour relier la première
année de son journal. »*

Le Pierrot, 28 décembre 1888.

— 10 —

MORÉEL

(D'après A. Mélandri. — 1885.)

En buste, de profil à droite, coiffé d'une petite calotte.

Caprice-Revue (Belgique), 2e année, n° 73, s. d.

WILLETTE

Assis à la terrasse d'un café, avec Rodolphe Darzens, ils projettent d'écrire leur livre : *Nuits à Paris.*

Nuits à Paris, par Rodolphe Darzens, illustrées de cent croquis par A. Willette. Paris, E. Dentu, édit.. 1889. in-18.

WILLETTE

Pris pour un vagabond sur la route de Grandville, il est questionné par deux Pandores qui lui demandent ses papiers.

La *Revue Illustrée*, 1er avril 1889.

RAFFAËLLI (Jean-François)

A. Willette.

De face, assis sur un tabouret, dessinant à son chevalet.
Sur une table, son petit chat noir Tignassou le regarde.

A figuré sous le numéro 202 au catalogue de l'exposition Raffaelli,
ouverte à la Galerie Georges Petit, le 12 juin 1909.

La *Revue Illustrée*, 1er avril 1889.

WILLETTE

En Pierrot blanc, sur les ailes du Moulin-de-la-Galette
jouant du violon.

(Fragment d'un dessin paru dans le journal le *Pierrot*, 5 avril 1889.)

Carte d'invitation du journal le *Pierrot*, 6 avril 1889.

Le *Pierrot*, journal fondé et dirigé par Willette, rédacteur
en chef Émile Goudeau. 20 c. le N°.

1re année, du 6 juillet au 28 décembre 1888. 26 n°
2e   d°   du 4 janvier au 20 septemb. 1889. 23 n°
3e   d°   5 et 20 mars   1891. 2 n°

Cette collection complète fait actuellement prime chez nos grands libraires.

WILLETTE

Au Palais d'hiver. Quelques instantanés.
Pierrot grand seigneur.

Un Pierrot noir, de face, moustache et barbiche. Parmi les personnages costumés, nous reconnaissons Roëdel, Émile Cohl, Gray, Lunel, etc...

Le Pierrot, 12 avril 1889.

WILLETTE

« — Mange donc, Pierrot... T'es malade ?
— La France, madame, vient de perdre un grand huissier ! »

(A propos de l'assassinat de l'huissier Gouffé par Gabrielle Bompard.)

Le Pierrot, 16 août 1889.

WILLETTE

Affiche électorale.

En pied, de profil à gauche, tête nue, en veston, s'appuyant sur un fusil. A ses côtés, un ouvrier tient un lourd maillet ; un Gaulois superbement campé élève de la main droite la tête couronnée du veau d'or, puis un gendarme se découvre en acclamant la patrie française, montée sur une barricade, jouant du clairon et portant sa chaîne maintenant brisée.

Lithographie originale ornant son affiche des élections.

H. 1 m. 18. — L. 63 c.   Willette, 79, rue Rochechouart.

Fragment du texte de cette affiche :

ÉLECTIONS LÉGISLATIVES DU 22 SEPTEMBRE 1889

(Puis une portée de musique où se trouve noté l'air de)

> Gai ! Gai ! serrons nos rangs
> — Espérance de la France
> Gai ! Gai ! serrons nos rangs
> En avant Gaulois et Francs.

Ad. Willette. Candidat Antisémite. IX⁰ arrondissement, 2⁰ circonscription. — Électeurs..., etc.

A. WILLETTE, directeur du *Pierrot*.

Reproduite dans le *Courrier Français* (31 mars 1895).

WILLETTE

1890

Willette conférencier fin de siècle.

En pied, de face, en Pierrot noir, le crayon à la main, devant une toile sur laquelle est esquissée une petite femme nue.

Gil Blas, (supplément au) 15 juillet 1890.

WILLETTE 1891

« *Dis-moi, mon Pierrot, quand tu seras failli, tu m'aimeras
encore ?* »

Lith. originale, signée en bas, à droite : A M. Maurou, son élève litho.
A. Willette.

H. 26 c. — L. 23 c.

En pied, de trois-quarts à droite, Pierrot en habit noir,
met la dernière main à sa toilette devant une psyché. Derrière lui, une femme l'éclaire avec une lampe à réflecteur et
porte sur le bras sa canne et son pardessus.

Un chat blanc ronronnant lui frôle les jambes ; à ses pieds,
un chat noir assis l'admire.

Le Pierrot, 5 mars 1891, n° spécial.

WILLETTE 1892

Ah ! Ah ! funiculi, funicula !
Ah ! Ah ! funicula, funiculi !

Dans une salle de mairie, en pied, de face, en Pierrot
blanc, rit à se tordre les côtes en lisant l'arrêté le concernant
que lui montre monsieur le maire.

« *Mairie. Arrêté. Le sieur Pierrot est rayé de la liste électorale
pour faillite.
20 juin 1892. Le maire : Wilson.* »

Le Courrier Français, 3 juillet 1892.

"

WILLETTE

Les *Sœurs Hédouin*, par Mélandri et A. Willette.

« Mon cher Beuve,

» Voici les gravures des *Sœurs Hédouin* ousque ton ami est le plus visiblement représenté par sœur Angélique.

» Page 4. — *Graziella était remarquablement culottée.*

» Page 120. — *Affreux polichinelle tu prétends que je peins des magots.*

» Et surtout dans celle-ci :

» Page 130. — *A l'ombre des pommiers normands,* et si tu veux *le billet de logement.*

» Page 112.

» Ben à toi.

» Au galop.

» A. WILLETTE. 10 juin 1909. »

Illustré de trente-cinq lithographies hors texte. Paris, Dentu. 1892, in-18.

WILLETTE

La Tombe de Pierrot.

« — *Mes chers amis quand je mourrai... »*

Le monument représente un Pierrot blanc les mains dans les poches de sa blouse.

Sur la dalle : *Ci-gît Pierrot.*

Une jolie Montmartroise lance du pain à des petits pierrots qui sautillent sur la tombe.

Le Courrier Français, 30 octobre 1892.

WILLETTE

« — *Revenir de Pontoise pour trouver cette actualité !* »

En pied, de profil à gauche en Pierrot campagnard, coiffé d'un gibus tout élimé, anneaux aux oreilles et vêtu d'une blouse à gros boutons, son parapluie de la main gauche, portant au bras droit un grand panier d'où tente de s'échapper un superbe coq. Il regarde la sortie des élèves du Lycée Racine, sous la conduite d'une vieille maîtresse tenant comme parapluie une feuille de vigne.

(A propos des Lycées de jeunes filles.)

Le Courrier Français, 13 novembre 1892.

WILLETTE

« — *Regarde, Pierrot... hé ! Pierrot ! écoute donc... regarde mon joli linge blanc.* »

En Pierrot blanc, assis sur un banc, il regarde à sa gauche Robert Macaire et la République bras dessus bras dessous.

A sa droite, une élégante jeune femme soulève sa jupe et lui montre ses dessous.

Le Courrier Français, 11 décembre 1892.

WILLETTE

Pudeur bourgeoise.

« — *Ce nu ne vous fait pas rougir, mossieu le Sénateur ?*
— *Non, Pierrot, car c'est du nu malheureux.*
— *C'est précisément celui-là qu'il faut couvrir, vieille tourte ! !* »

Signé en bas, à droite : A. Willette à M. Bérenger.

En Pierrot blanc, les mains dans les poches, à côté de M. Bérenger appuyé sur un parapluie, regardant tous les deux une femme en haillons et un chien léchant un petit malheureux tout nu.

Le Père Peinard, 2 avril 1893

RŒDEL

Quelques costumes des invités au bal du « Courrier Francais »
à l'Élysée-Montmartre, le 24 mars 1893.

En pied, de profil à gauche en statue personnifiant le dieu Bacchus, nu, mais paré de feuilles de vigne. Le sceptre qu'il tient de la main gauche est également garni de ce feuillage pudique si chaudement recommandé par M. Bérenger.

(Communiqué par M. Maurice Artus.)

Le Courrier Francais, 2 avril 1893.

WILLETTE

Les Faibles.

« — T'es pas courageux, Pierrot.
– C'est que ma mère m'a appris à me mettre à genoux. »

En pied, de profil à droite, en Pierrot blanc assis sur un
tabouret. A côté de lui, une femme lui reproche son manque
d'énergie au travail.

L'Écho de Paris, littéraire illustré, 16 avril 1893.

WILLETTE

Soit, nous ne rirons plus !

« — Sénateur Bérenger, auteur d'une loi hypocrite et perfide,
que le sang jeune et généreux versé et à verser à cause de
toi retombe sur toi et ton nom maudit ! »

En Pierrot, un chassepot à la main, lance l'anathème à
M. Bérenger qu'accompagne un sergent de ville. A leurs
pieds, un cadavre recouvert.

Le Courrier Français, 9 juillet 1893.

WILLETTE

En pied, de trois-quarts à droite en Pierrot reporter, coiffé d'une casquette rayée, lorgnette au côté. Parapluie en bandoulière interviewant une jeune actrice anglaise.

En haut :

« *Just arrived from London. — Choice !
Startling ! Voluptuous !* »

En bas :

« *En Angleterre, toutes les femmes sont des anges; jamais elles
ne crient, hormis quand elles chantent.* »

(A propos d'un voyage à Londres fait en compagnie de Jules Roques et Rœdel.)

Le Courrier Français, 20 août 1893.

WILLETTE

« *1000 pardons, chers lecteurs, mais j'suis saoul comme un
Polonais !*

Pierrot.

Vive la Russie ! »

En pied, en Pierrot blanc, de profil à droite, tenant fraternellement par le cou un sergent de ville.

Le Courrier Français, 22 octobre 1893.

RŒDEL

De face, dans un médaillon, en Bacchus.

La *Petite Gazette de Montmartre*, s. d. (1894
(Ancienne Chronique de l'Œil-de-Bœuf.)

FAU (Fernand)

Au cabaret du Chat-Noir, assis à côté de Jules Jouy et trinquant avec Salis.

La *Revue Illustrée*, 15 février 1894.

RŒDEL

Quelques costumes du bal des Quatr'z'arts.

Parmi lesquels nous reconnaissons : Henri Guillaume, Caran d'Ache, Lunel, Pille, Tronchet et Willette en Calvin, etc.. etc...

Le *Courrier Français*, 29 avril 1894.

WILLETTE

Vive Bourbier !

Un banquet touche à sa fin. Au dessert, entre Carnot et Bourbier, Willette en Pierrot blanc se lève, la flûte de champagne en main, et d'une voix émue commence son discours :

Messieurs et amis,

Après avoir bouffé le bon rata de ce brave Marguery, permettez-moi, quoique un peu ivre, de vous narrer les cinquante années de notre ami Bourbier.

Toute une suite de ravissants petits croquis nous montre Bourbier dans les diverses phases de sa vie.

Au-dessous du dernier croquis :

Le voici récompensé, Sultan du Croissant, aimé et redouté de tous les Canards. — Le « Courrier Français » lui apporte sa nomination de maire de Montmartre.
Ainsi soit-il.

Menu du banquet annuel de la Société des porteurs du *Petit Parisien* donné au restaurant Marguery, le 25 mai 1894.

M. Bourbier vendeur du *Petit Parisien*, du *Chat Noir* et du *Courrier Français*.

WILLETTE

Un Pierrot blanc, la pipe à la bouche, assis à la porte
d'un cimetière. Devant lui, deux ouvriers s'arrêtent et Pierrot
de leur dire en leur montrant le champ du repos :

*« La Liberté, l'Égalité, la Fraternité ?... mais c'est ici, mes
enfants ! »*

Le Courrier Français, 22 juillet 1894.

WILLETTE

Pendant que Roques n'y est pas.

Suite de quatre croquis représentant Willette monté sur
un âne.

Le Courrier Français, 25 novembre 1894.

WILLETTE   1895

Très attentionnée, Pierrette est à son bureau écrivant
une lettre. Devant elle, un chat blanc suit les mouvements
de sa petite main; derrière elle, Pierrot, de trois-quarts à
gauche, les mains dans les poches de sa blouse, regarde par-

dessus son épaule ce qu'elle écrit, et à qui elle peut bien
écrire.

Lithographie à la plume sur pierre, en rond. 12 c. de diamètre, offerte
par l'éditeur André Marty à sa clientèle.

LÉANDRE (Charles)

*« A l'eau ! à l'eau ! ou Tout-Paris sur la plage ou les extrêmes
se touchent, ou la réconciliation par l'eau salée. »*

« Willette, le grand Willette, armé de son prestigieux
crayon, se tient en avant du groupe. Il est très heureusement
remis de son terrible accident de bicyclette, et se tremper
dans l'onde en si bonne compagnie va le remettre complète-
ment à flot. »

Le Rire. 20 juillet 1895.

1896

WILLETTE

En Pierrot blanc, un sac de charbon sur le dos, il serre
la main d'un charbonnier chargé d'un sac de farine.

Au noir et blanc.

Cette petite enseigne en tôle peinte et découpée eut
son succès, rue Antoinette, à Montmartre, à l'époque où

AU NOIR ET BLANC

notre cher Willette avait comme domicile une modeste
échoppe mitoyenne de la boutique du charbonnier (son
proprio).

H. 58 c. — L. 52 c. (Appartient à M. de Decker.)

A figuré à l'Exposition de l'Enseigne, ouverte en novembre 1902 à
l'Hôtel de Ville, salle Saint-Jean.
Rappelons à ce sujet que Willette obtint le premier prix de ce
Concours pour l'ensemble de ses sept envois.

MORIN (Louis)

1° De face, en pied, en Pierrot noir, conduit lui-même son
régiment de petits Pierrots blancs qui, chacun armé d'un
lys, marquent le pas de leurs mignons souliers de satin couleur de neige.

2° En pied, de face, en lutteur de la pensée, un crayon
à la main, précède le char de la Liberté.

(Pièces en couleurs.)

Carnavals Parisiens, par Louis Morin. Paris, Montgredien, édit., s. d. (1898).

BLUNT

Assis, de profil à droite, dessinant à sa table de travail.

« *Adolph Willette. From a drawing by a Blunt.*

Times-Herald (Chicago). 16 février 1896.

WILLETTE

La Vache enragée.

En pied, de face, en Pierrot blanc, dans l'attitude du toréador sur la défensive, avec une plume dans la main droite.

De pied ferme, il attend la vache enragée que retient la Muse ailée des artistes.

Telle une furie, nous la voyons soufflante, excitée, les narines dilatées.

Au premier plan : ses victimes jonchent le sol parmi les palettes et les lyres.

(Communiqué par M. Maurice Artus.)

Le Journal. 17 février 1896.

WILLETTE

En pied, de profil à droite, en Pierrot en habit noir suivant le cortège de ses petits Pierrots qui représentent son œuvre à la Vachalcade de la vache enragée.

La Vache enragée, n° 1, 11 mars 1896

LÉANDRE (Charles)

En pied, de trois-quarts à droite, coiffé d'un haute-forme à larges bords relevés (forme 1830). Sa grande collerette se dégage sur sa pèlerine. Culotte courte, chaussé d'escarpins,

il s'appuie d'un air très crâne sur une longue canne, et porte
en guise d'épée son crayon à la ceinture.

Le *Grand Journal*, 13 mars 1896.

WILLETTE

Pierrot se garant de la Vache enragée.

En Pierrot noir, de profil à droite, poussant devant lui
par les épaules monsieur Pipelet. Le roi du cordon, armé
de son balai, s'efforce de repousser la Vache enragée qui
s'avance vers lui tête baissée.

Le *Grand Journal*, 12 mars 1896.

WILLETTE

Ah! j'ai oublié l'étude de la Vache enragée!!

En pied, de profil à droite, ayant comme bouclier une
toile crevée et armé d'une énorme fourchette, il attend, résolu,
la vache enragée prête à foncer sur lui.

Croquis fait pour le papier à lettre de la *Vache enragée*.

ANONYME, d'après MÉLANDRI (1885)

En buste, de profil à gauche, coiffé d'une petite calotte.

Le *Petit Bleu* (Bruxelles), 14 mars 1896.

WILLETTE

En buste, de profil à gauche, en maillot.

H. 10 c. — L. 13 c.   (Lithographie originale.)

Le *Rire*, 14 mars 1896.

Parue précédemment dans les *Nouvelles Chansons* de Paul Delmet. Paris, Tellier, édit., s. d.

❀ ❀ ❀

REDON (Georges)

La Mi-Carême à Paris. — La « Vachalcade » de la Vache enragée.

La Vache enragée. — Le Tambour-Major gaulois. — Les Pierrots de Willette. — Le char du Sacré-Cœur.

En pied, de face, dans son costume de Pierrot en habit noir, devant la bannière qui précède son cortège de petits Pierrots.

L'Univers Illustré, 21 mars 1896.

❀ ❀ ❀

TOFANI

La Mi-Carême à Montmartre.

Cortège de la Vache enragée.

En Pierrot noir, en pied, de trois-quarts à droite.

(Pièce en couleurs.)

Petit Journal (Supplément illustré du), 22 mars 1896.

DESBOUTIN (Marcellin)

Debout, de face, en Pierrot en habit noir, un chat noir se frôle contre lui en faisant le gros dos.

Pointe-sèche originale.

H. 20 c. — L. 11 c. 5 mm.   *L'Artiste*, mai 1896.

STOP (MOREL-RETZ)

Portrait de Willette.

« — *Messieurs, mesdames, la famille...* »

En maître de cérémonie, de face, en Pierrot noir, culotte courte et chaussé d'escarpins à grosses boucles, la main droite sur la hanche. De la gauche, il tient son bicorne.

Charge du portrait peint exposé par M. Marcellin Desboutin à la Société Nationale des Beaux-Arts en 1896 (non mentionné au catalogue).

Le *Journal Amusant*, 9 mai 1896.

WILLETTE

Le bal du « Courrier Français » le 14 juillet 1896.

Sur l'estrade, parmi les musiciens : Ponchon, Pille, etc. Willette en Pierrot blanc joue de la clarinette...

Le *Courrier Français*, 12 juillet 1896.

WILLETTE

Le voilà Nicolas ! ah ! ah !

B... rencontre à la porte d'un brocanteur de la rue Milton son ami Willette en admiration devant le *Duel après le bal* de Gérome.

Croquis au crayon, signé en bas, à gauche : A. Willette. H. 9 c. — L. 11 c.

WILLETTE

« ... Et maintenant allons voir le feu d'artifice... »

En pied, de face, en Pierrot noir, longeant le mur d'un cimetière, un mouchoir d'une main, un parapluie de l'autre.

Le *Courrier Français*, 4 octobre 1896.

NADAR

(D'après une photographie de)

En buste, de profil à gauche.

Nos peintres et sculpteurs, par M. Jules Martin.

Paris, Ernest Flammarion, édit., 1897, pet. in-16.

WILLETTE

(Aquarelle.)

Le ciel est noir, le tonnerre gronde, les éclairs sillonnent l'espace. Sous une pluie diluvienne, nous voyons Pierrot sous un parapluie, la tête basse, de profil à droite, et chargé d'un pot de fleur.

« *Madame de Decker,*

Permettez-moi de vous offrir cette petite fleur ; elle est un tantinet fanée, mais il fait si mauvais... et puis le cœur y est.

Pierrot. A. Willette, 1897. »

H. 11 c. — L. 7 c. (Collection de Mme de Decker.)

BELLENGER (Georges)

Gravure sur bois de Froment.

Apollon vendeur de masques.

Parmi ceux-ci : Rembrandt, Goya, Albert Durer, Daumier, Bracquemond, Rops, Gustave Doré, Vierge, Fantin-Latour, Chéret, Grasset, Steinlen, Willette, etc...

Prospectus annonçant la publication de l'*Estampe et l'Affiche,*
pour le 5 mars 1897.
Se vend : aux Éditions d'art, Edouard Pelletan, édit., Paris.

WILLETTE

« — *J'ai bu trois bouteilles de vieux bourgogne ! ... »*

En pied, de face, en Pierrot noir, bourrant sa pipe. A ses pieds, un chat noir crevé à côté d'une écuelle cassée.

(A propos de la mort de Salis, fondateur du cabaret du Chat-Noir.)

Le *Courrier Francais.* 28 mars 1897

WILLETTE

Le premier jour de mansarde.

En pied, de profil à droite, en Pierrot noir, à sa fenêtre dominant Paris. Un amour s'envole tenant dans ses bras un chat noir ; derrière, la République tient un crayon.

(En souvenir de l'arrivée dans son nouveau logement, rue Saint-Éleuthère, à Montmartre.)
Signé, en bas, à droite : Hommage à Forain, A. Willette.

Le *Courrier Francais.* 25 avril 1897.

Madame de Decker,

Permettez moi de vous offrir cette petite fleur ;
elle est un tantinet fanée,
mais il fait si mauvais ... et puis,
le cœur y est.

Pierrot A. Willette
1897

SPECH (Émile de)

La tête seulement sortant d'une vaste collerette, de face, en Pierrot.

La Vache enragée, mai-juin 1897.

LÉANDRE (Charles)   1898

« *La marche des drôles de bonshommes se rendant à l'église.* » — *(Page pour le jour des Rois.)*

Parmi la longue file des pèlerins, nous voyons Willette en Pierrot avec des lunettes, portant en guise de bannière sa palette suspendue au bout de son gigantesque crayon cravaté d'un gros nœud de ruban.

Le Rire, 15 janvier 1898.

WILLETTE

« *La Folie présente le livre de Louis Morin, les « Carnavals parisiens », à Georges Arlecain, pour le mettre au musée Carnavalesque, dont il est le distingué conservateur.* »

Le Courrier Français, 13 mars 1898

CARPIN

(D'après une photographie de)

En pied, de profil à droite, en Pierrot noir, souriant au clair Vouvray que contient son verre.

La Revue Illustrée, 15 juin 1898.

SIMONNET

(D'après une photographie de)

Willette peignant le plafond de la « Cigale ».

La Revue Illustrée, 15 juin 1898.

SIMONNET

(D'après une photographie de)

En buste, de face, en « Prince Président ».

Le Courrier Français, 31 juillet 1898.

WILLETTE

*« Ah ! il est trop beau ! je l'emporte pour rétablir l'ordre
à Varsovie. »*

Signé, en bas, à gauche : à l'ami Widhopff,

A. Willette, élève de Jean d'Alheim.

En Pierrot, la pipe à la bouche, un fouet à la main,
monté en postillon sur un cheval étique attelé à un chariot sur
lequel une énorme cage de fer renferme Widhopff (dessiné
par lui-même) tout gros et tout velu armé d'une énorme
chandelle.

Le *Courrier Français*, 11 décembre 1898.

WILLETTE 1899

En Pierrot noir, pressant sur son cœur sa blonde épouse.
En haut, à droite, Monsieur le maire bénit leur union.

Menu du déjeuner donné chez Julien le 25 août 1899 (à l'occasion du
mariage de Willette).

Le *Courrier Français*, 27 août 1899.

WILLETTE

Peignant au bord de la mer. A ses côtés, un Anglais en
peignoir de bain.

*« — Sais-tu, mon vieux Milord, la différence qu'il y a
entre ton peignoir et un pré ?*

— No, sir !

*— Eh bien ! c'est qu'on ne peut mettre dans ton peignoir
qu'une vache comme toi et autant qu'on veut dans un pré. »*

Le Rire, 23 novembre 1899. N° spécial : « V'là les English !... ».

ANONYME, d'après NADAR (1897)

En buste, de profil à gauche.

L'Éclair, 28 novembre 1899.

SOMM (Henry)

*« Pour faire plaisir aux Anglais, ce croquis m'a été, j'en
conviens, inspiré par mon envieuse nature. »*

Un crayon à la main, coiffé d'une mitre, Willette flambe
sur un bûcher.

Le Rire, 9 décembre 1899.

WIDHOPFF

En pied, de face, en marin.

Le Courrier Français, 24 décembre 1899.

MORIN (Louis)   1900

Assis par terre, de profil à gauche, en Pierrot noir, dessinant sur le *Courrier Français* soutenu par un postillon.

La Revue des Quat'Saisons.

Paris, Ollendorff, édit., n° 1, janvier-avril 1900.

BAYARD (Émile)

En buste, de profil à gauche, coiffé d'un chapeau de
Hollandais.

La Caricature et les Caricaturistes.

Paris, Delagrave, édit., s. d., (1900).

— 37 —

WILLETTE

Une Manifestation.

« — Rassurez-vous, Ponchon et Pierrot : la vraie Parisienne gardera le bas noir qui donne aux cuisses le ton si beau de vieil ivoire. »

Une femme à califourchon sur les épaules d'un Satyre. Ponchon et Willette la suivent en chantant à tue-tête :

Vivent les bas noirs !
A bas les bas couleur merdre d'oie !
A bas les bas blancs de la mère l'oie !

Le Courrier Français, 12 août 1900

WILLETTE

1901

En Pierrot blanc, la tête appuyée sur l'épaule d'une femme qui lui murmure ces mots :

« Mon cher Pierrot je te ferai oublier ! ! »

Œuvres choisies de Willette.

Paris, Simonis Empis, édit., 1901.

WILLETTE

Assis, de face, relisant sa lettre adressée au Directeur de *l'Assiette au beurre*, dans laquelle il lui donne son opinion sur le titre de sa Revue.

(Cette curieuse lettre humoristique autographiée est illustrée de neuf croquis.)

L'Assiette au beurre, nº 1, 1901.

WILLETTE

« On t'a envoyé cette belle table à modèle..., elle fait vraiment mon affaire à la cuisine. »

Dans l'entre-bâillement d'une porte, en pied, de face, coiffé d'un chapeau mou, pèlerine sur le dos, canne à la main et pipe à la bouche, il regarde une petite femme assise sur une table de cuisine.

Le Courrier Français, 24 février 1901.
Paru précédemment dans l'Echo de Paris littéraire illustré, 26 février 1893.

GERSCHEL

(D'après une photographie de)

En pied, de profil à gauche, portant les favoris, accoudé sur son balcon de la rue Caulaincourt.

La Vie Illustrée, 3 mai 1901.

LÉANDRE (Charles)

Hommage à Daumier.

*« Honoré Daumier est consacré par le génie du Dessin et
les artistes ses fils, à leur tête Caran d'Ache, Forain, Veber,
Willette, etc..., viennent lui rendre hommage. »*

(Pièce en couleurs.)

Le *Rire*, 11 mai 1901.

WILLETTE

En duc d'Anjou, posant devant Cabanel, en marin, en
Villon, en curé, en pasteur, en Pierrot noir, en Pierrot blanc,
en Hollandais, en Espagnol, en colonel, en Napoléon III, en
République, et en Louis-Philippe.

L'*Album*, A. Willette, XV.

Paris, J. Tallandier, édit., s. d. (4 juin 1901).

1902

MÉTIVET (Lucien)

Les Maîtres de la Caricature.

Masques de MM. Forain, Caran-d'Ache, Léandre, Abel
Faivre, Sem, Grün, Guillaume, Benjamin Rabier, Steinlen,
Willette, etc...

(Couverture en couleurs.)

L'*Album*. Les *Maîtres de la Caricature*, J. Tallandier, édit. Paris, s. d. (1902).

WILLETTE

1" Peignant, à son chevalet, de profil à droite, très occupé
à faire des beaux nichons.

2" De profil à gauche, une coupe en main, il reçoit le lait que
la Gloire fait jaillir de son sein.

J'ai cherché la Gloire !
Verse à boire !

3" En pied, de trois-quarts à droite, en Académicien, légèrement gai, il marche en titubant, tenant une bouteille à
la pointe de son épée.

Buvons donc !

(Pièces en couleurs.)

Le *Pied de Nez*, 12 janvier 1902.

Le *Pied de Nez*, journal hebdomadaire satirique entièrement illustré par Willette,
rédacteur en chef : Camille de Sainte-Croix.
(Collection complète en 11 numéros) du 21 novembre 1901 au 4 février 1902.
Nous croyons bon de signaler la légère transformation qu'a subie ce journal à l'apparition de son huitième numéro. Du n° 1 au n° 7, de format in-4°, du n° 8 au n° 11, ce journal a
doublé son format et la première page fut imprimée au recto seulement et en couleurs dans
le genre des images d'Épinal.

WILLETTE

Au « marché-aux-puces », assis sur un grand tabouret,
fumant sa pipe; à ses pieds dix-huit volumes du *Courrier
Français*.

« Du haut des dix-huit années du Courrier Français. »

Contre-partie d'un dessin de Widhopff représentant Jules Roques avec cette légende : « Du haut des dix-huit années du *Courrier Français.* »

Le Courrier Français, 2 février 1902.

❁ ❁ ❁

WILLETTE

L'ange de la liberté soulève la grille de la porte du Lycée de Dijon par laquelle s'échappent les élèves ayant soif de grand air et d'espace. Les voici bras dessus, bras dessous, gambadant et joyeux de sortir du bahut.

Personnifiant les métiers futurs de chacun d'eux, nous les voyons en militaire, en magistrat, en marin, en évêque. Un peintre (Willette) la palette en main, agace avec son pinceau celui qui personnifiera M. Prud'homme.

Menu du 1ᵉʳ dîner des anciens élèves du Lycée de Dijon, résidant à Paris, 6 février 1902 à l'Hôtel du quai d'Orsay, sous la présidence de A. Willette, (90). Reproduit dans le *Courrier Français*, 9 février 1902.

❁ ❁ ❁

WILLETTE

En Pierrot, de trois-quarts à droite, il présente le « Chabichou » dont l'odeur est si forte qu'un gendarme se sauve à

toutes jambes, se bouchant le nez ; de même un huissier, que
précède une toute jeune femme, qui, également suffoquée par
l'odeur, se cache le nez avec ses dessous.

Menu de la Société amicale de la Vienne : Le *Chabichou*, 11 mars 1902.

ZIER (Édouard)

Le bal Gavarni au Moulin-Rouge.

Le défilé des Chars.

« *L'éternelle Gaîté, la descente de la Courtille, le char de
Thomas Vireloque, M. Vautour chez les artistes, la loge du
Roi Louis-Philippe.*

Willette sous les traits de Louis-Philippe ayant à ses
côtés le maître Gérôme, regarde de sa loge ce ravissant cortège.

Le Monde Illustré, 19 mars 1902.

WILLETTE

1° Willette en Louis-Philippe.

En pied, de trois-quarts à droite, s'appuyant sur son
parapluie.

2° *L'arrivée du roi Louis-Philippe et de sa cour au Moulin-Rouge.*

Le Courrier Français faisant claquer son fouet précède Willette, en Louis-Philippe suivi de toute sa cour.

Le Journal, 11 avril 1902.

WILLETTE

En galant Louis-Philippe cherchant à abriter sous son vaste parapluie la République qui le repousse. Celle-ci en jupon court, bonnet phrygien sur l'oreille, est chargée d'une gerbe de fleurs des champs qu'elle vient de couper avec la serpe qu'elle porte en main.

(Pièce en couleurs.)

Menu du Bal Gavarni « Loge du Courrier Français », souvenir de la nuit du 11 au 12 avril 1902.

Le Courrier Français, 15 avril 1902.

ANONYME

Gérôme et Willette dans leur loge (au bal Gavarni).

Tous deux en buste, Gérôme de profil à gauche, Willette de trois-quarts à gauche.

Publication inconnue, avril 1902.

WILLETTE

Au bal Gavarni : le cortège de M. Jules Roques.

« *Entrée de Louis-Philippe et de sa cour.* »

Guidé par le *Courrier Français*, le cortège s'avance ayant
à sa tête Willette, en Louis-Philippe, tenant son parapluie
ouvert en guise de bouclier.

Le Courrier Français, 13 avril 1902.

SCOTT (Georges)

Le bal Gavarni au Moulin-Rouge.

(11 avril.)

Willette en pied, de face, en Louis-Philippe s'appuyant
sur un parapluie. A sa gauche, le Maître Gérôme en costume
de 1830.

Dans une foule aussi variée que pittoresque, nous voyons
défiler toutes les figures typiques de l'époque : le joyeux chi-
card et le gai débardeur, Thomas Vireloque et la jolie Musette
coiffée d'un chapeau cabriolet.

L'Illustration, 19 avril 1902.

WIDHOPFF

Au bal Gavarni.

Louis-Philippe et sa cour dans la loge du « Courrier Français ».

Au premier rang : Willette, de face, en Louis-Philippe ; à sa gauche Gérôme, de trois-quarts à droite. Sur le même rang, de ravissantes jeunes femmes en robes décolletées.

Derrière et debout, les invités costumés forment un ensemble aussi gracieux que bizarre.

Le Courrier Français, 20 avril 1902.

ANONYME

Banquet Gavarni.

A la table d'honneur, nous voyons le Maître Gérôme, Président du comité des fêtes de Gavarni, assis de trois-quarts à gauche ; à sa gauche, Willette en Louis-Philippe, debout, levant son verre.

The Graphic, 26 avril 1902.

ANONYME

(D'après une photographie)

Dîner du bal Gavarni.

Louis-Philippe et sa cour. — Gérôme, Willette, etc...

La Revue Illustrée, 1er mai 1902.

RICHARD

(D'après une photographie de)

Au bal des Quat'z'Arts.

Le souper. — La table du « Courrier Français ».

(Parmi les convives : Jules Roques, Widhopff, Willette, etc...)

Le Courrier Français, 4 mai 1902.

❁ ❁ ❁

WIDHOPFF

Au bal des Quat'z'Arts.

Willette en Gaulois.

Le Courrier Français, 4 mai 1902.

❁ ❁ ❁

WIDHOPFF

Vu de dos, de profil à droite, son chapeau à la main.

Le Courrier Français, 22 juin 1902.

❁ ❁ ❁

KUPKA

La Vie en Rose.

« — Ce qu'elle serait pour moi si j'étais Roi et si j'avais beaucoup d'argent ! »

Dans un temple de rêve, le peintre Kupka, souriant, assis

sur un trône, contemple tout heureux ses convives, danseurs
et amoureux. Au centre, une statue représente Willette en
Pierrot, dessinant, la pipe à la bouche. Une petite femme
montée sur les épaules d'un clown, lui dépose une couronne.

La Vie en Rose. 10 août 1902.

❀ ❀ ❀

WILLETTE

« — *Voyons, Monsieur Beuve, lâchez donc votre ami
Pierrot, le poulet va sécher !* »

Dessin à la plume, signé en bas, à droite : A. Willette.

H. 9 c. — L. 13 c.   10 septembre 1902.

48

WILLETTE

*Willette fume dans une pipe représentant la Reine
d'Angleterre.*

« *Misérable ! dans le crâne de ma mère !... — Oui, sir,*

et c'est mon vieil ami Paul Beuve qui m'en a fait présent pour
me récompenser. »

Dessin à la plume, signé en bas, à droite : A. Willette.

H. 22 c. — L. 18 c.

WILLETTE

En pied, vu de dos, de profil à droite, en République. La
charrue avec laquelle il laboure la terre de France est attelée
de deux bœufs magnifiques.

(Lithographie originale.)

H. 20 c. — L. 25. c.

Programme-Itinéraire des « Fêtes du centenaire » de 1792 (22 septembre 1892). Ce programme a été publié sous forme de placard, imprimé
seulement au recto et vendu dix centimes.

Édité et imprimé par Belfond et Cⁱᵉ, Paris, in-fº.

WILLETTE

En pied, de face, en Pierrot noir, la pipe à la bouche, les
mains dans les poches. A ses pieds, un chat noir fait le gros
dos.

Dessin à la plume aquarellé.

Signé, en bas, à droite : A. Willette.

H. 13 c. — L. 9 c.   18 octobre 1902.

HERMANN-PAUL

Le Journal de M. Quelconque, 3 décembre 1902.

Willette a le premier prix du Concours d'enseignes.

En pied, de profil à gauche, une couronne au front, il porte un prix sous le bras et soupèse de la main gauche une bourse pleine.

Le *Petit Bleu de Paris*, 4 décembre 1902.

WILLETTE   1903

Achetez, il va trépasser...

Dans son lit, malade. Un apothicaire, le clystère en main,

engage fortement M. le marquis à profiter du moment pour
s'offrir un « Willette » à des prix encore abordables, car son
client n'en a plus pour bien longtemps à vivre.

Couverture du Catalogue de la Vente des dessins de Willette, 6 mars 1903.

❀ ❀ ❀

WILLETTE

Ça, c'est mon beau livre!

Willette malade lisant dans son lit.

Dessin à la plume.

H. 4 c. 5 m. — L. 6 c.

Croquis fait au bas d'une carte portant le chiffre de Willette
composé par Georges Auriol.

WILLETTE

En pied, de trois-quarts à droite, Pierrot pêche, culotte relevée et pieds nus, sur la dernière marche d'un escalier battu par la Seine. Il va décrocher de sa ligne un petit poisson.

Appuyé sur une balustrade, un marlou se moque de lui.

Sur le quai, à côté du *Journal Officiel*, la librairie Belin est prise d'assaut par une foule aussi pressante que pressée d'aller voir l'Exposition qu'elle vient d'ouvrir dans ses galeries.

Carte d'invitation à l'Exposition de Peintures et de dessins
de Willette.

DERRÉ (Émile)

Willette (buste plâtre).

Exposé à la Société Nationale des Beaux-Arts, en 1903, sous le numéro 2710.

De trois-quarts à gauche, la tête appuyée sur la main droite.

Le *Courrier Français*, 26 juillet 1903.

WILLETTE

Fantasia.

« Mais dans cette pose Jeanneton
Ne trouve pas le temps long. »

En Pierrot, couché et dessinant, la pipe à la bouche, fixé
depuis dix mois dans son lit par un tire-bouchon. Plus loin,
une petite laitière, les épaules à terre et les jupes au vent.

Dans le haut à gauche : la reproduction d'une gravure
extraite d'un album scientifique. Une tortue sur le dos accom-
pagnée de cette légende :

Tortues d'Asie.

« Lorsque la tortue est renversée sur le dos, c'est le plus
malheureux des animaux. »

Le Courrier Français, 26 juillet 1903.

WILLETTE

« Allons, ma vieille amie, donne-la-moi pour mes
étrennes... je ne suis plus failli... »

De profil, en Pierrot noir, la tête tournée à gauche, la
main droite sur la couture de sa culotte, il sollicite de la
République la Croix d'honneur. Dans le fond, le Moulin de la
Galette et un chat noir.

Le Courrier Français, 6 décembre 1903.

WILLETTE

Assis et écrivant, de profil à gauche, déguisé en Claudine, béret sur l'oreille, ruban dans les cheveux, tablier noir, jupe écossaise et bottines montantes.

H. 10 c. — L. 10 c.   Dessin à la plume aquarellé.

❀ ❀ ❀

WILLETTE

En 1904, Willette fit une carte-adresse pour notre ami de

Decker, le représentant dans son atelier de la rue de Trévise, en blouse, les manches relevées, très attentionné à réparer une statuette.

Sur une table, parmi les Amours et les Vénus, nous apercevons le masque souriant de Willette.

Le Courrier Français, 4 juin 1908.

1905

A. WILLETTE

« Dis, ma vieille amie, donne-la-moi pour mes étrennes ? »

Debout, en Pierrot noir, il demande la croix à la République qui, sous les traits d'une vivandière, tient cachée derrière le dos la croix de la Légion d'honneur.

Les Beaux-Arts illustrés, 10 mars 1905.

LION (G.)

Ceux dont on parle : Willette.

En pied, de face, en Pierrot blanc, tenant d'une main sa palette et de l'autre une plume de paon en guise de pinceau.

Mon Dimanche, 23 avril 1905.

WALÉRY

(D'après une photographie de)

Dans son atelier, en pied, de trois quarts à droite, les mains dans les poches.

La Petite République socialiste, 29 avril 1905.

MÉLANDRI (A.)

(D'après une photographie de)

De profil à droite, en pied, en Pierrot blanc, penché en avant, la main droite derrière l'oreille, aux écoutes.

Le Monde Illustré, 3 février 1906.

WILLETTE

En Pierrot blanc, de profil à gauche, portant une guitare en bandoulière, son chapeau d'une main ; de l'autre s'appuyant sur une canne et s'inclinant devant la République qui le décore.

Entourant ce sujet, nous voyons de ravissants petits Amours allégoriques personnifiant les Ministères des Beaux-Arts, du Commerce, de l'Agriculture, de la Guerre, de la Marine et de la Justice.

Menu du Déjeuner offert par le *Courrier Français* à son plus ancien collaborateur Adolphe Willette (1884-1906) à l'occasion de sa nomination

1906

—⟶ 57 ⟵—

de Chevalier de la Légion d'Honneur, et de Membre du Conseil Supérieur
de l'Enseignement de l'Art Décoratif (restaurant Julien, 16 février 1906).
Menu imprimé sur japon, gravé par Barret et colorié par Greningaire.

Reproduit dans le *Courrier Français*, 15 février 1906.

SOMM (Henry)

Une croix.

« — *Bonjour, Pierrot !*

*Maman. — Petite effrontée ! On dit : « Bonjour monsieur
le chevalier. »*

Le *Rire*, 17 février 1906.

SIMONNET

(D'après une photographie de)

En buste, de profil à droite, dans un médaillon coiffé
d'un chapeau de Hollandais.

Menu du Banquet offert à A. Willette, à l'occasion de sa nomination
de Chevalier de la Légion d'Honneur, sous la présidence de M. Dujardin-
Beaumetz, sous-secrétaire d'État aux Beaux-Arts, le 20 février 1906 à l'Hô-
tel-Continental.

Ce banquet fut organisé sur l'initiative de M. Armand Dayot, inspecteur des
Beaux-Arts, directeur de la Revue : *L'Art et les Artistes*. Plusieurs discours
furent prononcés par MM. Armand Dayot, Dujardin-Beaumetz et Mme Séve-
rine ; très ému, Willette leur a spirituellement répondu. — Son charmant
discours a paru *in extenso* dans le *Gil Blas* du 21 janvier 1906.

Ce portrait a été publié dans le *Monde Moderne* en avril 1906.

LA PENSÉE
LIVRET D'OPÉRA
Par
Adolphe WILLETTE

ANONYME

En pied, de face. A ses côtés, la muse de Montmartre.

L'Éclair, 4 octobre 1906.

WILLETTE

La Pensée.

(Plafond pour un libraire.)

« *Aussi ardente que le feu qui dévore son sanctuaire char-
nel, la Pensée à travers le brouillard des superstitions persé-
cutrices, rejoint la Liberté et la Sagesse. Le bonheur qu'elle
rêve pour l'Humanité n'est pas une utopie ridicule, puisqu'il
consisterait à travailler, sans désespoir, pour la solidarité, à
vivre avec l'amour de la nature et la compréhension de l'Art.*

*C'est à quoi songe le fou... l'artiste si imprudemment
perché sur la potence.*

*Les livres étaient aussi jetés au feu, par la main du
bourreau* ».

A. WILLETTE.

Cette description, par l'artiste lui-même, a été publiée antérieurement dans le
Catalogue de la Société Nationale des Beaux-Arts en 1906, au-dessous des
numéros 1231-1232.

Sous les traits du fou, Willette s'est représenté.

Le dessin à la plume que nous reproduisons (H. 43 c. — L. 52 c.), idée première
de cette œuvre, et la toile définitive, appartiennent à M. Théophile Belin,
libraire.

WILLETTE

Bien que fort occupé et n'ayant pas un moment à perdre, Pierrot n'oublie pas pour cela d'envoyer à Mme de Decker ses *Souhaits de nouvel an.* (Premier janvier 1907.)

De face, penché sur une table, il mange, dessine et écrit.

Dessin à la plume.

H. 7 c. — L. 12 c.   (Collection de Mme de Decker.)

WILLETTE

En pied, de profil à droite, en toréador.

Almanach de l'*Assiette au beurre*, 1907.

ROUVEYRE (André)

En pied, de profil à gauche, sa pipe à la main, un stylet à la ceinture.

Carcasses divines, par André Rouveyre. Paris, Bosc, édit., 1907, in-4°.

WILLETTE

Du Moulin de la Galette regardant Paris.

En haut :

« *Tu me chercheras du côté de la Bastille… m'a dit mon ami Paul Beuve auquel je souhaite santé et sécurité.* »

En bas :

« *Ce n'est pas possible !… que d'or !… quel magot !… il n'a pas changé à ce point.* »

Dessin à la plume aquarellé ; signé, en bas, à droite : Pierrot W.

H. 12 c. — L. 17.

DEVAMBEZ (André)

Dans un style moyenageux, M. André Devambez a peint une enseigne sous forme de frise remarquablement exécutée.

Les lettres gothiques, rehaussées d'or, se détachent à merveille sur le fond, dans lequel on voit défiler, parmi les jolies châtelaines coiffées de hennins et de cornettes, les célébrités de notre époque, entre autres : Jean Veber, Steinlen, Abel Faivre, Léandre, Guillaume, Sem, Louis Legrand, Willette, etc...

Ce dernier est représenté, en pied, de profil à droite, coiffé d'un chapeau à plumes, sa palette à la main.

En avril 1909, M. Devambez nous donnait, dans une lettre fort aimable, les renseignements suivants sur cette enseigne :

« C'est dans le mois de mars 1907 que j'ai exécuté ce panneau pour le compte
» de M. Weïl, successeur de mon père, qui ouvrait ses magasins d'estampes.
» — Par suite d'agrandissements et de remaniements de la façade, cette
» enseigne a été enlevée en octobre dernier. »

La reproduction de cette enseigne a été éditée chez M. Devambez et tirée seulement à 100 exemplaires numérotés.   H. 6 c. — L. 44 c. 5 m.

TESTEVUIDE (Jehan)

Vive la grève ! Pierrot saboteur.

« ... *Un dessin pressé pour le « Rire ? » Ya pas mèche, je suis t'occupé...*

... Ben quoi ! Reste un peu je te réciterai le songe d'Athalie ... Sabotte, sabotons !!... Sabotez ?... Sabotte !!! »

(Pièce en couleurs.)

Le *Rire*, 4 mai 1907.

BRANGER

(D'après une photographie de)

En pied, dans son atelier, en manches de chemise, bourrant sa pipe, devant ses panneaux destinés à l'Hôtel de Ville.

Le Monde Illustré, 1er juin 1907.

LÉANDRE (Charles)

Le Vernissage du Salon des Humoristes.

« *Léopold II, M. Lépine, M. Clemenceau, Déroulède, Papa Fallières, Réjane, Sarah Bernhardt, Dujardin-Beaumetz, Albert Guillaume Ier, Guillaume II, M. Bérenger, Abel Faivre, H. Brisson, Willette, Jean Veber, Caran d'Ache, Edouard VII et Léandre.* »

(Quadruple page en couleurs.)

Le Rire, 8 juin 1907.

WILLETTE

En buste, de profil à droite, la palette en main.

Sur sa palette, une négresse assise, un Amour debout, une femme nue couchée.

« *Je compose ma palette avec du noir, du rose et du blanc.* »

Publication inconnue, décembre 1907.

WILLETTE

En pied, de face, en sœur Angélique des *Sœurs Hédouin*, coiffée d'un bonnet orné d'une cocarde tricolore.

Un joli fichu de couleurs éclatantes recouvre ses épaules.

Une main sur la hanche ; de l'autre tenant des pinceaux, elle se dispose à peindre, tandis qu'un superbe chat noir fait le gros dos en lui frôlant le bas de sa robe.

Sur un tabouret : une boîte de couleurs, une palette et des pinceaux.

Aquarelle sur vélin, signée en bas : A. Willette 1907.

H. 19 c. — L. 11 c. Exécutée sur le premier plat d'un exemplaire des *Sœurs Hédouin*, par Mélandri et Willette. Cette aquarelle nous a été très obligeamment communiquée par M. A. Blaizot, libraire-éditeur.

1908   WILLETTE

« Comme ça serait gentil !... »

De trois quarts à droite, assis à sa table de travail, sur laquelle s'étale un joli chat noir, il rêve, en regardant une petite statuette représentant une femme, et se dit : Combien l'on serait heureux d'avoir pour compagne ce joli petit joyau, de beaucoup préférable aux plus grandes qui vous font trop souvent endêver.

Ceux que j'aime, par M. L. M. de Thurly. (Marcel Laleu.)

Grand in-8 carré, s. d. (1908).

ROL

Le peintre Willette dans son atelier.

En pied, de profil à gauche, retouchant la maquette de
La Pensée. (Plafond pour un libraire.)

La *Vie Illustrée*, 24 avril 1908.

COHL (Émile)

En Pierrot, de profil à droite, la pipe à la bouche.

Salon des Humoristes, 1908.

Sous le nᵉ 384, Émile Cohl a exposé une série de pipes en bois découpé
et colorié, parmi lesquelles :

*Clemenceau, Fallières, général Picquart, Edouard VII,
Guillaume, Briand, Dujardin-Beaumetz, Brisson, Léopold,
Alphonse, François-Joseph, Combes, Delcassé, Lépine, Caran
d'Ache, Willette, Léandre, Dranem, Un ami.*

WILLETTE

« *Moi je scie... toi, Paul Beuve, tu échafaudes, que ton
nom soit béni !* »

Dessin à la plume, signé en bas, au milieu : Willette, Pierrot.
H. 13 c. — L. 16 c.

WILLETTE

Willette devenu vieux se fait ermite.

« *O mon Dieu ! vous qui avez fait l'homme à votre image...
pourquoi avez-vous fait la femme à celle du Dyable ?* »

Dessin à la plume aquarellé, signé en bas, à droite : Willette. 1908.
H. 24 c. — L. 18 c.   Collection Théodore Mahler.

Willette devenu vieux se fait ermite.

O mon Dieu ! vous qui avez fait l'homme
à votre image ... pourquoi avez
vous fait la femme à celle du Dyable !
A. Willette
1908

WILLETTE

En villégiature à Boisroger.

1⁰ — De profil à droite, couché dans l'herbe et fumant sa
pipe, il regarde jouer devant lui son petit bébé.

2° — Allongé et dormant dans l'herbe, il s'étire réveillé
en sursaut par une vache qui beugle, et, furieux, il s'écrie :
« — *La ferme ! on ne peut pas dormir.* »

Dessin à la plume, illustrant une lettre, 25 août 1908.

H. 4 c. — L. 11 c.

WILLETTE

Parmi la foule, vivante et gaie, qui figure dans un de ses
panneaux à l'Hôtel de Ville, le maître s'est représenté en
pied, de profil à gauche, en brigadier de garçons de banque,
bicorne sur l'oreille, portefeuille sous le bras.

L'Illustration, 28 novembre 1908.

LOËVY (Ladislas)   1909

Willette à l'Hôtel de Ville.

Sur un échafaudage, peignant ses panneaux à l'Hôtel de
Ville.

Le *Figaro*, 7 janvier 1909.

WILLETTE

En famille. — Le dessert de la petite maman.

Au dessert, un bébé monté sur une table essaye d'attra-
per un fruit, sa mère le retenant en profite pour embrasser
son petit corps.

(Mlle Maria Willette et sa maman.)

(Pièce en couleurs.)

Le *Rire*, 16 janvier 1909.

ANONYME

Dans un médaillon, de face, en buste, costumé en reître
espagnol. Au-dessous :

« *Le peintre Willette ne dédaigne pas le travesti.* »

A titre de curiosité, nous croyons bon de signaler ce faux portrait du maître.
Reproduit : 1º dans *Madame et Monsieur*,   10 février 1909.
2º dans La *Vie Illustrée*,   2 avril   1909.

STEINLEN (Alexandre)

En pied, de trois quarts à gauche, en Pierrot blanc. La
République lui donnant l'accolade le couronne de lauriers.

Midinettes et ouvriers portant des fleurs et des palmes

s'empressent au-devant de lui, témoignant de la sorte leur reconnaissance pour ce Maître du crayon qui les aime tant.

Menu du dîner offert par l' « Art pour tous » au peintre A. Willette, le 7 mars 1909. (Chez Vantier.)

A ce dîner, présidé par notre ami le peintre Steinlen, plusieurs discours furent prononcés. Entre autres par MM. Steinlen, Georges Tiret-Bognet, Kleinmann, Binet et de Royaumont. A ces discours, notre cher Willette a finement répondu.

Son discours fut publié dans L'*Éducation artistique*, avril 1909.

WILLETTE

En costume de cérémonie, de trois quarts à gauche, en buste, habit noir, cravaté de blanc.

Pastel exposé aux « Pastellistes », avril 1909. Ne figure pas au catalogue de cette exposition, étant arrivé après son impression.

H. 40 c. — L. 32 c.   Collection de M. Théophile Belin.

WILLETTE

Dans son atelier, de profil à droite, à genoux, les mains jointes. En priant le Dieu des artistes de lui donner le courage

nécessaire pour achever une grande œuvre, Willette aperçoit
à terre un mot glissé sous la porte en son absence.

Croquis à la plume.

H. 9 c. 5 m. — L. 13 c.

DECKER (Charles de)

Le bon Père.

En pied, de profil à droite, pipe à la bouche, rouleau
sous le bras, poussant une petite voiture d'enfant, sur laquelle
on lit :

Petite-Willette. — Champs-Elysées.

Croquis inédit au crayon bleu.

WILLETTE

De trois quarts à droite, en République, tenant de la main
droite un éventail ouvert, il abandonne l'autre main à Louis-
Philippe (Willette), qui la lui baise respectueusement.

Au bas : Willette, en pied, de profil à droite, tend à un
brigadier de gendarmerie sa feuille d'appel sous les drapeaux
(Classe 1877) et, d'un ton bourru, ce militaire grincheux, la
pipe à la bouche, le regarde et lui dit : *C'est vous Willette ?*

Dessin à la plume, signé : A. Willette avant Frégoli.

H. 25 c. — L. 18.

WILLETTE

1° — En tête de Turc, de profil à droite.

Une petite femme nue lui assène sur la tête un coup de
maillet.

Attendant son tour, M. Prudhomme s'essuye le front et
s'apprête à démolir ce Pierrot moqueur, qui l'a si souvent
agacé en le tournant en ridicule.

H. 9 c. — L. 14 c.   Dessin à la plume.

2° — De face, en tête de mort.

H. 3 c. — L. 2 c.   Dessin à la plume.

10

1885 — RIVIÈRE (Henri)

L'ancien Chat-Noir

Monté sur une table, vu de dos, Willette en manches de chemise brosse alertement son *Parce Domine*.

A gauche : Goudeau en Bouddha ; à droite : Rollinat au piano.

Au-dessous : Salis, de son comptoir, indique des places aux nouveaux arrivants.

Au premier plan : Le cabaret du Chat-Noir est assiégé par les clients qui se pressent, ruisselants de pluie, très heureux d'aller se faire eng...ler en dépensant leur argent à boire des bocks.

Le Chat-Noir, 13 juin 1885.

Comme renseignements complémentaires, nous croyons bon de signaler à l'attention de nos lecteurs les nombreuses photographies sorties des ateliers de MM. Appert, Branger, Carpin, Dagon, Dornac, Dralo, Germain, Gerschel, Mélandri, Nadar, Pierre Petit, Richard, Rol, Simonnet et Waléry.

Pour compléter notre travail, donnons à titre de curiosité le portrait graphologique de Willette, exécuté par un des plus éminents spécialistes en la matière, le professeur A. Debessé.

PORTRAIT GRAPHOLOGIQUE

M. A. WILLETTE

Facultés. — Conception et comparaison, c'est-à-dire une certaine dose d'intuitivité et de déductivité; c'est-à-dire encore un heureux équilibre intellectuel; surtout logicien positif et pratique, ne tombant dans aucune utopie, sans approcher de Thiers, cependant. En effet : les lettres sont liées dans tous les mots, mais jamais les mots ne sont liés entre eux.

Manifestations affectives. — Organisation sensible : écriture penchée à droite, calme et n'indiquant aucune passion mauvaise.

Volonté. — Rien d'accusé : pas un trait massué ni brutal, comme on en trouve tant chez Bonaparte. Les *t* sont coupés légèrement : donc pas d'entêtement. Les *f* ne sont pas barrés en retour : donc pas d'obstination ni d'opiniâtreté. M. A. Willette n'est cependant pas un faible : son graphique est bien masculin.

Instincts. — Bienveillant, sympathique, beaucoup de bonté, de douceur et d'indulgence : lignes arrondies, sortes de courbes, jamais d'angles. Pas l'ombre d'égoïsme, ni personnel, ni jaloux, par conséquent. Effectivement, aucun crochet rentrant.

Le sens de l'épargne; sagement économe : ne laisse que des marges indiquant le goût et la bienséance. Rien de luxueux ni de fastueux, mais un confortable de bon aloi. Du naturel, aucune ostentation : graphique modeste et soigné. Ambition louable, les lignes montent légèrement cintrées. Absence totale d'orgueil. Guizot était un vrai type d'orgueilleux ; les manifestations inconsidérées de la plume de cet ancien ministre de Louis-Philippe le criaient !

Nature. — Courage, assiduité et persévérance : les lignes ne tombent jamais, mais elles sont parallèles ou montantes. Distinction parfaite : il suffit de voir l'aspect réjouissant du graphique.

M. A. Willette n'est pourtant pas de haute extraction : les majuscules sont modestes et n'affectent point le commandement.

Soigneux, attentif, prudent, réfléchi ; clarté d'idées et du jugement : met les points sur les i et de l'espace entre les lignes. Franchise totale : pas un mot qui ne soit parfaitement lisible. Ni vaniteux ni poseur ; mais d'une simplicité délicieuse : pas l'ombre d'une fioriture. Sobriété, frugalité et tempérance : nul trait pâteux ni renflé.

Caractère. — Une réelle souplesse de caractère. Constance parfaite, affable, sociable, doux : régularité tendre qui ne se dément jamais dans son écriture.

Esprit. — Très fin, net, sagace, ordonné, appliqué et gracieux : aucun enchevêtrement dans le graphique. L'air circule entre les lignes. Un agencement simple et artistique des lettres.

Aptitudes. — Sens de l'esthétique, du beau, sentiment de la forme ; aptitude poétique et artistique : majuscules gracieuses imitant la typographie.

Goûts. — Simples : aucune superfluité dans tout le graphique ; goûts d'ordre et d'attraction du beau : invariable délicatesse. Rien de vulgaire.

Passions. — Aucune passion malsaine : écriture sobre et peu inclinée. Pas de sensualité, ni pour ce qui est de la table ni des plaisirs charnels : pas un seul trait ventru. On ne peut cependant pas dire que l'écriture du scripteur M. A. Willette soit *aérienne* comme l'est celle de Loubet; et chacun sait que notre si respecté, si sympathique ex-Président n'est point matérialiste.

RÉSULTANTE

M. A. Willette est un sujet d'élite. Il n'est affligé d'aucun vice. Nous ne lui voyons pas même un défaut, ce qui est beau et rare. C'est un caractère. Il a du cœur et beaucoup de talent.

Souhaitons à l'humanité de nombreux citoyens comme lui.

Le graphologiste soussigné déclare ne l'avoir jamais vu, et ne le connaître que comme dessinateur humoristique ou satirique.

Professeur A. DEBESSÉ.

Paris, 1ᵉʳ Septembre 1909.

TABLE DES ARTISTES

INDEX DES PUBLICATIONS

ACHEVÉ D'IMPRIMER

le huit novembre mil neuf cent neuf

PAR

PAUL HÉRISSEY, D'ÉVREUX

———

LES SEPT HORS-TEXTE

ONT ÉTÉ HÉLIOGRAVÉS ET IMPRIMÉS EN TAILLE-DOUCE

PAR

A. MAIRE

———

LE COLORIS A ÉTÉ EXÉCUTÉ

PAR

M. E. GRENINGAIRE

———

LES RETOUCHES AU PINCEAU

PAR

Mme GRANÈS

www.ingramcontent.com/pod-product-compliance
Lightning Source LLC
LaVergne TN
LVHW021724170726
843503LV00004B/1402